Sydney Stair

Sentencias

Sentencias
Primera edición: agosto de 2024
ISBN: 979-8-9911764-0-8
© 2024 Sydney Stair

Editor general: Freisman Toro
Diseño y diagramación: Lili Johana Ortiz
Grupo Editorial Infinito
Calle 2 # 19-250, Cali, Colombia.
Diseño de portada: Raúl Rosario (Logomax Studio)
Fotografía del autor: Iván Javier Tirado
Copyright © 2024 por Sydney Stair
E-mail: drsstair@gmail.com

Todos los derechos reservados. Queda prohibida la reproducción total o parcial de esta obra en cualquier forma o por cualquier medio, ya sea gráfico, audiovisual, electrónico, mecánico, magnético o digital, sin la autorización previa y por escrito del autor.

El derecho moral de Sydney Stair como único autor de esta obra ha sido afirmado en conformidad con la Ley de Copyright de los Estados Unidos de 1976 y sus enmiendas.

El contenido de este libro refleja exclusivamente el pensamiento del autor, quien asume toda la responsabilidad por el mismo.

Dedicatoria

Dedico este libro a todas las personas que durante mucho tiempo se han preguntado por qué sus oraciones no han sido contestadas.

A las personas considerablemente buenas, pero que no parecen avanzar en su vida personal.

A todos aquellos que se sienten inhabilitados cuando se disponen a orar; porque no saben cómo comenzar y mucho menos qué decir.

Agradecimientos

Agradezco al Padre Dios por su misericordia; al Rey Jesús por ser el Camino que nos lleva al Padre, y al Espíritu Santo que me enseña cosas nuevas cada día, que me guía hacia la verdad y que me ayuda a interceder como se debe.

A mi esposa, Ydsia, que me apoya en mi trabajo misionero a nivel internacional y que me recuerda varias veces a la semana que debo terminar los libros que estoy escribiendo.

A mis hijos y nietos que han entendido mi llamado misionero y que me comparten con el mundo entero sin reproches.

A todas las personas que oran por mí, por mi familia y nuestro ministerio. A todos les digo: ¡gracias!

La razón por la que escribí este libro

La intención de esta obra literaria no es la de brindar una exégesis teológica en cuanto a la oración, sino más bien, ayudar al lector a estar consciente de las oraciones que compone con sus palabras, pronunciadas durante todo momento del día, y las repercusiones que éstas producen a corto, mediano y largo plazo.

Sobre las repercusiones de las palabras que salen de nuestra boca tuve varias lecciones desde muy joven. Recuerdo haber escuchado a alguien decir una vez: "No hay palabras inocentes". Y mi madre, que siempre me aconsejaba, me enseñó desde niño lo siguiente: "Si no tienes nada bueno que decir de una persona, no digas nada".

Lo que decimos en medio de un intercambio de palabras afecta de muchas maneras a quienes nos oyen. De hecho, el estado de ánimo de otra persona se puede ver influenciado por nuestras palabras. Está escrito: *"La blanda respuesta quita la ira; Mas la palabra áspera hace subir el furor"*, Proverbios 15:1

Sin embargo, aclaro que las interpretaciones que hago en este libro están basadas en las Sagradas Escrituras.

Hago constar, además, que al usar la palabra Dios, (con "D" en mayúscula), me estoy refiriendo a *Elohim*, el Dios Creador de todo; al *Adonai*, el Señor y dueño de todo; al Dios de la Biblia cristiana. Igualmente, los pasajes de la Biblia utilizados en esta obra literaria corresponden a la versión Reina Valera 1960, a menos que se indique lo contrario.

TABLA DE CONTENIDO

Introducción 13

Capítulo 1   Actitudes que obstaculizan nuestras
             oraciones 15

Capítulo 2   Oración de intercesión 29

Capítulo 3   Oración en acuerdo 39

Capítulo 4   Oración de protección (cobertura) 45

Capítulo 5   Oración conforme a la voluntad
             de Dios 55

Capítulo 6   Oración de fe para producir milagros 65

Capítulo 7   Oración en el Espíritu 71

Capítulo 8   Oración de acción de gracias 77

Capítulo 9   Oración de atar y desatar 83

Capítulo 10 Oración profética 91

Capítulo 11 La creación del mundo 101

Capítulo 12 La Torre de Babel 109

Capítulo 13 Nuestra vida es un libro 115

Introducción

Hace algunos años, tuve la oportunidad de traducir del inglés al español las ponencias de Kingsley Fletcher, uno de los reyes de Ghana, África Occidental, en una conferencia en Costa Rica. Fue una gran experiencia escuchar sus exposiciones, pero fue aún más enriquecedor compartir con él en privado, alrededor de la mesa mientras comíamos.

Aprendí acerca de la conducta que una persona debe asumir en la presencia de un rey. Cosas tan sencillas como: *"un rey no comparte la comida en la mesa con personas que él no conoce"*. *"A un rey no se le debe tocar en el hombro ni mucho menos en la cabeza, porque ahí es donde [simbólicamente] reposa su poder y su autoridad"*.

En fin, aprendí un protocolo que desconocía, ya que nací y siempre he vivido bajo un sistema de gobierno democrático. Nunca he vivido en un reino.

Del rey Kingsley, también aprendí que la actitud, las expresiones y las intenciones de una persona determinan si tendrá o no una audiencia con el rey. Es más, mi ignorancia fue confrontada y hasta me arrepentí por todas veces que me presenté delante de mi rey Jesús sin el debido decoro. Porque el Dios y soberano rey al que me refiero en este libro, no es un líder religioso. Nunca fundó una religión. Él escudriña los corazones y conoce las intenciones de todo aquel que se presenta delante de él a través del acto sagrado que conocemos como la oración.

CAPÍTULO 1

Actitudes que obstaculizan nuestras oraciones

Sydney Stair

"Estad siempre gozosos. Orad sin cesar. Dad gracias en todo, porque esta es la voluntad de Dios para con vosotros en Cristo Jesús".

1 Tesalonicenses 5:16-18

Para que todos estemos en un mismo sentir y pensar, creo preciso definir qué significa orar.

La oración es el derecho constitucional que tiene todo ciudadano del Reino de Dios. Es el acto de presentarnos delante del Supremo rey para hablar con él de forma sincera y para hacer nuestras peticiones. Aunque es un derecho que tenemos, fue gracias a la obra perfecta de nuestro Señor Jesucristo que pudimos tener este privilegio. Como lo dice la Biblia, solo a través de Jesús podemos llegar al Padre. Por eso, toda aquella persona que haya recibido al Señor y que viva en humildad y obediencia a Dios, tiene el derecho legal a tener audiencia con Dios a través de la oración; esto, gracias a Jesucristo, quien es el Camino, la Verdad, y la Vida.

Sin embargo, Dios no está obligado a contestar toda oración que las personas le hagan.

Está escrito: *"Y cuando le piden a Dios no reciben nada porque la razón por la que piden es mala, para poder gastar en sus propios placeres"*, Santiago 4:3 (PDT)

El Altísimo posee múltiples características, y como hijos de Dios, podemos presentarnos ante él, en el nombre de Jesús, en su calidad de Padre, Juez Supremo y Rey Soberano. Más adelante veremos este concepto con mayores detalles.

Ahora veremos tres actitudes que obstaculizan nuestras oraciones:

1. La Soberbia

"Igualmente, jóvenes, estad sujetos a los ancianos; y todos, sumisos unos a otros, revestíos de humildad; porque: Dios resiste a los soberbios, Y da gracia a los humildes", 1 Pedro 5:5

Cuando el versículo dice que "Dios resiste a los soberbios", a lo que se refiere es a que no soporta a las personas con tal conducta y las rechaza. Cuando una persona es soberbia, Dios no escucha su oración.

Veamos la siguiente historia:

Lucas 18:10-14

"[10] Dos hombres subieron al templo a orar: uno era fariseo, y el otro publicano.

[11] El fariseo, puesto en pie, oraba consigo mismo de esta manera: Dios, te doy gracias porque no soy como los otros hombres, ladrones, injustos, adúlteros, ni aun como este publicano;

¹² ayuno dos veces a la semana, doy diezmos de todo lo que gano.

¹³ Mas el publicano, estando lejos, no quería ni aun alzar los ojos al cielo, sino que se golpeaba el pecho, diciendo: Dios, sé propicio a mí, pecador.

¹⁴ Os digo que éste descendió a su casa justificado antes que el otro; porque cualquiera que se enaltece, será humillado; y el que se humilla será enaltecido".

La altivez, el orgullo, la vanidad y la soberbia provocaron que Dios sacara del cielo a Lucero, el querubín más hermoso que había creado, según registra el libro del profeta Isaías, 14:12-13.

Está escrito: *"Antes del quebrantamiento es la soberbia, Y antes de la caída la altivez de espíritu. Mejor es humillar el espíritu con los humildes que repartir despojos con los soberbios",* Proverbios 16:18-19

2. La mala relación conyugal

Está escrito: *"Vosotros, maridos, igualmente, vivid con ellas sabiamente, dando honor a la mujer como a vaso más frágil, y como a coherederas de la gracia de la vida, para que vuestras oraciones no tengan estorbo",* 1 Pedro 3:7

Hay situaciones que el enemigo aprovecha para causar un torbellino de problemas en las relaciones matrimoniales.

Algunas de ellas son:
- » Desacuerdos en la manera en que se administra las finanzas.
- » Tener el televisor en la alcoba prendido cuando el cónyuge quiere dormir.
- » Que se dedique más tiempo... a generar dinero que a la misma familia.
- » La infidelidad.
- » Que se manifieste cualquier tipo de maltrato.
- » Permitir que personas ajenas al matrimonio, como por ejemplo, los suegros, opinen sobre algún tema de pareja.

La lista es bastante larga y las situaciones incluso llegan a ser más complejas.

Yo no tengo manera de explicar el porqué, si un hombre no se lleva bien con su esposa, sus oraciones tendrán estorbos. Lo que sí puedo decir es que la mejor oración que se hace en acuerdo es cuando los esposos se disponen a orar juntos.

3. La falta de fe

Está escrito: "Pero pida con fe, no dudando nada; porque el que duda es semejante a la onda del mar, que es arrastrada por el viento y echada de una parte a otra. No piense, pues, quien tal haga, que recibirá cosa alguna del

Señor", Santiago 1:6-7

Sin fe, no logramos nada como cristianos. Una persona que ora sin fe no puede esperar que su oración sea contestada por Dios. Si tu sistema de creencias está limitando tu fe, confío en que lo que leerás a continuación te ayude a superar esta barrera.

Está escrito: *"Pasando Jesús de allí, le siguieron dos ciegos, dando voces y diciendo: ¡Ten misericordia de nosotros, Hijo de David! Y llegado a la casa, vinieron a él los ciegos; y Jesús les dijo: ¿Creéis que puedo hacer esto? Ellos dijeron: Sí, Señor. Entonces les tocó los ojos, diciendo: Conforme a vuestra fe os sea hecho"*, Mateo 9:27-29

"...Conforme a vuestra fe os sea hecho". La palabra usada para "fe" en este pasaje, en el griego traduce *pistis* que significa sistema de creencia. En otras palabras, lo que Jesús les dijo fue: conforme al sistema de creencia de ustedes, sea hecho el milagro. Por eso, lo que Dios requiere es que tengamos fe.

"Nadie puede agradar a Dios si no tiene fe. Cualquiera que se acerque a Dios debe creer que Dios existe y que premia a los que lo buscan", Hebreos 11:6 (PDT)

Todas las cosas tienen el significado que tú les das, *de acuerdo con tu sistema de creencia*. El gran problema es que todos fuimos *atrofiados* en nuestro sistema de creencia, gracias al estilo de educación que recibimos desde la escuela elemental hasta la universidad. El mundo está siendo gobernado por hombres muertos como Sócrates (470 – 399 a.C.), Aristóteles (384 – 322 a.C.), Platón (429 – 347 a.C.), entre otros. Nuestro sistema de educación en Occidente está plagado de filosofía griega. Indudablemente, nuestra forma de pensar influye en como hablamos, lo que a su vez confecciona oraciones que dictan sentencias.

Sistema de Creencia

Con el tiempo, uno se convierte en lo que es su sistema de creencias. Estas constituyen la filosofía de vida que cada uno lleva consigo. No puedes cambiar simplemente deseándolo, el cambio verdadero viene con la transformación de tu filosofía. Y todos llevamos en nosotros una filosofía de vida.

En lo que respecta a la oración, he encontrado que a lo largo de los siglos se han forjado innumerables interpretaciones. Muchos tienen preconceptos sobre el tema, mientras que otros se aferran a las enseñanzas que recibieron de sus progenitores y primeros guías espirituales, quienes en muchos casos, no tenían una comprensión clara de cómo, dónde y por qué orar.

Mi objetivo en este capítulo es ayudar al lector a comprender cómo se forman las ideas que dan forma a nuestra filosofía de vida y cómo estas, a su vez, influyen en nuestras oraciones, para bien o para mal.

En muchas ocasiones serví de traductor del Inglés al Español para el Dr. Myles Munroe, de Las Bahamas. Él fue mi maestro y mentor durante varios años antes de su fallecimiento. Escuchándolo enseñar, mi manera de pensar fue confrontada y por ende mis ideas. El mundo está continuamente cambiando y nosotros también debemos estar dispuestos a cambiar para no convertiros en odres viejos.

Todo empieza con una idea

El primer paso hacia el establecimiento de una filosofía de vida es una idea. Una idea es más fuerte que la misma muerte. Una idea vive más tiempo que quien la creó. Una idea no puede ser destruida: el terrorismo es una idea, y por tal razón, ni eliminando a los líderes de los grupos terroristas en el mundo han acabado con el terrorismo, porque éste es una idea. Una idea solo puede ser intercambiada por otra idea. Todo en esta vida es producido por una idea. Una idea es un pensamiento. Las oraciones que tus palabras forman son el producto de una idea exteriorizada. Tus problemas son las ideas que tienes.

La única manera en que podrás destruir una mala idea es cambiándola por una idea mejor. Saulo de Tarso tenía la mala idea de matar a todos los seguidores de Jesús, pero cuando el Señor lo interceptó en su camino a Damasco, no lo mató, sino que le cambió la idea. Esa nueva idea produjo en Pablo (antes Saulo), la filosofía de vida de llevar el Evangelio de Cristo a los gentiles.

Matar a Saulo solo hubiera incentivado más asesinatos contra los cristianos, pero el Señor convirtió a Saulo en uno de aquellos a los que perseguía.

El origen de una filosofía

Un precepto: *Una idea original que nos lleva a tener un concepto.*

Un concepto: *Un pensamiento concebido que se convierte en una idea.*

Una idea: *Un pensamiento que se convierte en una ideología.*

Una ideología: *Un pensamiento que se cree, convirtiéndose así en una teología.*

Una teología: *Una creencia que se convierte en una filosofía.*

Filosofía: *Es tu mentalidad. Tu manera de pensar. Y todos tenemos una filosofía de vida.*

Nuestra oración no debe ser vista como un acto religioso. Por ejemplo, en la religión católica, las personas creen que si no hacen la señal de la cruz durante o después de su oración, Dios no los escucha.

Hay algunos que ni siquiera pronuncian palabras, solo hacen la señal de la cruz. Yo los veo en los aviones cuando despegamos y cuando aterrizamos. Los veo también en los restaurantes y en los funerales.

> Está escrito: *"Y cuando ores, no seas como los hipócritas; porque ellos aman el orar en pie en las sinagogas y en las esquinas de las calles, para ser vistos de los hombres; de cierto os digo que ya tienen su recompensa"*, Mateo 6:5

Este pasaje nos da a entender que la oración que hacemos en silencio, con reverencia y fe, conlleva una recompensa: es escuchada y respondida.

> *"Mas tú, cuando ores, entra en tu aposento, y cerrada la puerta, ora a tu Padre que está en secreto; y tu Padre que ve en lo secreto te recompensará en público"*, Mateo 6:6

Sin embargo, no es que no se pueda orar en público, a veces hay que hacerlo, por ejemplo, si vemos que una persona está a punto de lanzarse de un edificio, podemos orar porque hay una motivación real. La pregunta que les dejo a los lectores es, ¿cuál es su motivación para orar?

Oremos en nuestro lugar secreto, pero también hagamos oraciones cuando nos congregamos:

> *"¿Qué hay, pues, hermanos? Cuando os reunís, cada uno de vosotros tiene salmo, tiene doctrina, tiene lengua, tiene revelación, tiene interpretación. Hágase todo para edificación"*, 1 Corintios 14:26

Estos hermanos ya habían recibido la llenura del Espíritu Santo en el capítulo dos del libro de los Hechos, mas ahora los vemos siendo llenados nuevamente.

El bautismo del Espíritu Santo es una experiencia única, pero la llenura es una experiencia continua. No es igual decir que una persona fue bautizada en agua que decir que una persona fue llena de agua. El bautismo en agua ocurre una sola vez, pero la llenura del agua refrescante que fluye de la fuente de agua de vida que es Jesús, es algo diario.

A continuación tres versículos al respecto:

> *"Cuando hubieron orado, el lugar en que estaban congregados tembló; y*

todos fueron llenos del Espíritu Santo, y hablaban con denuedo la palabra de Dios", Hechos 4:31

"Como el ciervo brama por las corrientes de las aguas, Así clama por ti, oh, Dios, el alma mía", Salmos 42:1

"Dios, Dios mío eres tú; De madrugada te buscaré; Mi alma tiene sed de ti, mi carne te anhela, En tierra seca y árida donde no hay aguas", Salmos 63:1

El que se sacia, no tendrá que buscar más. El lector podría estar pensando en las palabras que Jesús le dijo a la samaritana solo que en el caso de ella, Jesús estaba hablando de la adoración.

Diversas clases de oraciones

Existen varios tipos de oraciones de las cuales estudiaremos ocho en los capítulos siguientes.

Estas son:

1. Oración de intercesión

2. Oración en acuerdo

3. Oración de protección (Cobertura)

4. Oración conforme a la voluntad de Dios

5. Oración de fe para producir milagros

6. Oración en el Espíritu

7. Oración de acción de gracias (alabanza y adoración)

8. Oración de atar y desatar

CAPÍTULO 2

Oración de intercesión

Sydney Stair

"Y de igual manera el Espíritu nos ayuda en nuestra debilidad; pues qué hemos de pedir como conviene, no lo sabemos, pero el Espíritu mismo intercede por nosotros con gemidos indecibles.

Mas el que escudriña los corazones sabe cuál es la intención del Espíritu, porque conforme a la voluntad de Dios intercede por los santos",

Romanos 8:26-27

En griego, la palabra debilidades se traduce como *asthéneia (ασθένεια)*, que significa: *dolencia, enfermedad, fragilidad, debilidad de mente o de cuerpo.*

Existen enfermedades que se pueden ver por fuera y por dentro del cuerpo usando equipos médicos especializados. Pero, hay condiciones de salud mental que no se pueden ver a simple vista, aunque están ahí. La Biblia dice con respecto a esto que: *"...no sabemos qué hemos de pedir como conviene, pero que el Espíritu mismo intercede por nosotros con gemidos indecibles",* Romanos 8:26-28

La palabra Espíritu en este pasaje comienza en mayúscula, porque indica que se trata del Espíritu de Dios. El apóstol Pablo nos está enseñando que habrá ocasiones en las que no sabremos qué decir, pero es ahí cuando el Espíritu Santo nos ayuda a interceder.

La versión Palabra de Dios Para Todos traduce este mismo pasaje de la siguiente manera:

> *"De igual manera, el Espíritu nos ayuda en nuestra debilidad. Por ejemplo, cuando no sabemos qué pedirle a Dios, el Espíritu mismo le pide a Dios por nosotros. El Espíritu le habla a Dios a través de gemidos imposibles de expresar con palabras", Romanos 8:26 (PDT).*

La intercesión es una de las funciones de mayor responsabilidad en el Cuerpo de Cristo. En una ocasión de mucha crisis, Dios, teniendo razones justificadas para enviar juicio a la tierra, buscó por lo menos un intercesor que apelara delante de Él, presentar una justa causa, interceder a favor de la tierra, y no encontrando a ninguno tuvo que enviar juicio.

> *"Yo he buscado entre esa gente a alguien que haga algo en favor del país y que interceda ante mí para que yo no los destruya, pero no lo he encontrado.*
>
> *Por eso he descargado mi castigo sobre ellos y los he destruido con el fuego de mi ira, para hacerlos responder por su conducta. Yo, el Señor, lo afirmo", Ezequiel 22:30-31 (DHH)*

Sentencias

Todos debemos saber cómo interceder delante del Dios, el Gran Juez, y cómo defendernos del diablo en el ámbito espiritual.

Hay ocasiones en que nos ponemos entre Dios y la tierra, y hay ocasiones en que debemos ir a la guerra espiritual, teniendo siempre presente que nuestras armas no son carnales sino espirituales. Cuando el diablo logra que nos enfrasquemos en peleas y guerras en el plano humano, él continuará ganando porque nos lleva ventaja en este sentido: él ha existido desde su creación como el ángel Luzbel. Él conoce la conducta humana, conoce el mundo espiritual mejor que nosotros. Es por eso por lo que necesitamos el Espíritu Santo, tal como explico en mi libro *El líder más ignorado, el Espíritu Santo.*

En los días en que escribo este libro, los medios de comunicación nos mienten descaradamente y los gobernantes nos esconden la verdad. Por ejemplo, se nos manipula en cuanto a la procedencia de los alimentos que consumimos. Recientemente salió a la luz que la cadena alimenticia fue diseñada para crear obesidad en la población y una mala calidad de vida. Se dice que muchos medicamentos no sanan, solamente producen alivio y dañan otros órganos del cuerpo. Los médicos están divididos en sus opiniones en cuanto a las vacunas: algunos dicen que inocularse es netamente indispensable, mientras que otros dicen que es mortal.

Desiertos en donde nunca llovía están sufriendo inundaciones. Cientos de miles de familias están teniendo que reubicarse al haber perdido sus viviendas por voraces incendios forestales e incontrolables inundaciones. No se sabe en quien creer. La incertidumbre está acompañada de la desesperanza.

> Sin embargo, nuestra única esperanza está basada en las palabras de Jesús: *"Pero cuando venga el Espíritu de verdad, él os guiará a toda la verdad; porque no hablará por su propia cuenta, sino que hablará todo lo que oyere, y os hará saber las cosas que habrán de venir"*, Juan 16:13

Nuestro archienemigo Satanás no es de carne ni sangre, pero se mete en seres de "carne" y "sangre" para destruirlos. En tal escenario es cuando muchas cosas empiezan a salir mal en la vida de las personas; la mujer que prometió amarte toda la vida ahora te está demandando el divorcio; la empresa que con tanta fe iniciaste ahora está en quiebra porque tu socio te engañó; el hijo que hasta hace poco era un niño juguetón ahora consume drogas. Todo esto ocurre porque un espíritu enemigo tomó posesión de su vida.

Supe de un caso en el que un policía llegó a la casa de su expareja y la asesinó con varios impactos de bala, fue al cuartel donde trabajaba, mató al policía de turno, a una compañera policía y luego comunicó que se iba a suicidar.

El diablo no tiene autoridad alguna en este planeta para hacer lo que le plazca sin la colaboración de un ser humano.

Aunque este libro no trata el tema de la guerra espiritual, es difícil hablar de intercesión sin mencionar las batallas que se libran en el ámbito espiritual. La acción de la Guerra Espiritual se basa en el siguiente pasaje:

> *"Porque no tenemos lucha contra sangre y carne, sino contra principados, contra potestades, contra los gobernadores de las tinieblas de este siglo, contra huestes espirituales de maldad en las regiones celestes"*, Efesios 6:12

El versículo menciona categóricamente: *Principados, Potestades, Gobernadores de la tinieblas (de este siglo), Huestes espirituales de maldad (en las regiones celestes).*

Esta es la manera en que Satanás se ha organizado en el reino invisible para lanzar sus ataques contra continentes, naciones, ciudades, pueblos e individuos. Por ejemplo, el libro del profeta Daniel capítulo 10 hace mención del príncipe de Persia que se interpuso, en las regiones celestes, para que no llegara a Daniel la respuesta de su oración que Dios contestó desde el primer día en que Daniel se dispuso a orar. Esto me hace pensar que hay muchísimas oraciones de personas que tú y yo conocemos que no han sido contestadas en lo natural, porque en el ámbito espiritual han sido retenidas. La manera de vencer esto es haciendo las oraciones correctas, y en esto el Espíritu Santo nos puede ayudar.

Cabe recordar que las *"regiones celestes"* y las *"regiones terrestres"* non son lo mismo.

Las regiones celestes hablan del mundo invisible, mientras que las regiones terrestres hablan del mundo visible.

Veamos este mismo pasaje en otras dos versiones:

> *"Nuestra lucha no es contra seres humanos, sino contra gobernantes, contra autoridades, contra poderes de este mundo oscuro y contra fuerzas espirituales malignas del cielo", Efesios 6:12 (PDT).*

> *"Porque no estamos luchando contra poderes humanos, sino contra malignas fuerzas espirituales del cielo, las cuales tienen mando, autoridad y dominio sobre el mundo de tinieblas que nos rodea" Efesios 6:12 (DHH).*

Evitemos caer en el error de pensar que nuestra lucha es en contra de una persona que podemos ver y palpar.

Si Satanás logra que pienses que la lucha es en contra de carne y sangre, esta dejará de ser espiritual y se convertirá en algo carnal que derramará mucha sangre. Tal como está ocurriendo en el Medio Oriente, y en Rusia y Ucrania al momento de escribir este libro.

> *Pues aunque andamos en la carne, no militamos según la carne; porque las armas de nuestra milicia no son carnales, sino poderosas en Dios para la destrucción de fortalezas, derribando argumentos y toda altivez que se levanta contra el conocimiento de Dios, y llevando cautivo todo pensamiento a la obediencia a Cristo". 2 Corintios 10:3-5*

¿Por qué es importante que sepamos cómo orar y que lo hagamos?

"Sabemos que somos de Dios, y el mundo entero está bajo el maligno", 1 Juan 5:19

Este pasaje explica el porqué de los problemas que estamos teniendo en el mundo. Cuando Dios creó al hombre, tomó la decisión de no hacer cosa alguna en la tierra sin la colaboración del hombre. No es que Él no lo pueda hacer, sino que le dio al hombre la autoridad para administrar, sujetar, sojuzgar, dominar, etc., conforme leemos en los primeros capítulos del libro de Génesis.

Cuando el hombre desobedeció a Dios y comió del árbol prohibido, lo que hizo fue entregarle al diablo la autoridad que Dios le había dado. Es por eso que para salvar al mundo, Dios tuvo que venir en forma de hombre, para no violentar lo que él mismo había establecido. Cuando Jesús estaba en la Cruz, antes de morir dijo: "Consumado es".

CAPÍTULO 3

Oración en acuerdo

Sydney Stair

> *"Otra vez os digo, que si dos de vosotros se pusieren de acuerdo en la tierra acerca de cualquiera cosa que pidieren, les será hecho por mi Padre que está en los cielos"*, Mateo 18:19
>
> *"Porque donde están dos o tres congregados en mi nombre, allí estoy yo en medio de ellos"*, Mateo 18:20

Los discípulos de Jesús que estaban reunidos en el aposento alto, durante la fiesta de Pentecostés, tuvieron la primera experiencia del bautismo del Espíritu Santo con fuego. Esto había sido profetizado por Juan el bautista:

> *"Yo a la verdad os bautizo en agua para arrepentimiento; pero el que viene tras mí, cuyo calzado yo no soy digno de llevar, es más poderoso que yo; él os bautizará en Espíritu Santo y fuego"*, Mateo 3:11

Puede haber muchas profecías a favor de un pueblo, pero el secreto radica en que ese pueblo comience a hacer oraciones en acuerdo.

Jesús les profetizó a sus discípulos que el Espíritu Santo vendría, pero que debían permanecer juntos en Jerusalén.

> *"Y estando juntos, les mandó que no se fueran de Jerusalén, sino que esperasen la promesa del Padre, la cual, les dijo, oísteis de mí. Porque Juan ciertamente bautizó con agua, mas vosotros seréis bautizados con el Espíritu Santo dentro de no muchos días"*, Hechos 1:4-5

Esto fue lo que sucedió:

> *"Todos éstos perseveraban unánimes en oración y ruego, con las mujeres, y con María la madre de Jesús, y con sus hermanos"*, Hechos 1:14

> *"Cuando llegó el día de Pentecostés, estaban todos unánimes juntos"*, Hechos 2:1

Para Dios, la unidad en Su pueblo es crucial para manifestar su Gloria. En el libro de Génesis dijo: "hagamos al hombre", con lo cual manifestó su condición de unidad.

La unidad de los hermanos en la fe es algo que siempre está bajo ataque de Satanás. Las divisiones en la iglesia son el resultado de los desacuerdos en el pueblo de Dios.

Un sacerdote irlandés de nombre P. Patrick Peyton dijo: "La familia que reza unida permanece unida".

La oración en acuerdo más poderosa que existe es la que se hace cuando una pareja y su familia se disponen a orar juntos. Pero tristemente, para muchas familias esto solo ocurre cuando hay una tragedia.

Esto también se aplica a la iglesia. Una de las tareas más difíciles de un pastor es lograr que toda la congregación se reúna para los servicios de oración. En Latinoamérica las que más se reúnen en los servicios de oración son las mujeres. Esto, sin duda es bueno, pero es muy importante que los hombres también se congreguen para orar.

Dios ha prometido oír y contestar la oración de Su pueblo, pero para esto el pueblo se debe reunir para orar juntos. La Biblia dice: *"si se humillare mi pueblo, sobre el cual mi nombre es invocado, y oraren, y buscaren mi rostro, y se convirtieren de sus malos caminos; entonces yo oiré desde los cielos, y perdonaré sus pecados, y sanaré su tierra"*, 2 Crónicas 7:14

En todo momento las instrucciones en este pasaje están en plural: *oraren, buscaren, convirtieren...*

La estrategia de Satanás es la de dividir y conquistar. En el huerto de Edén la serpiente no habló a la pareja cuando estaban juntos; primero le habló a la mujer porque estaba sola.

La historia de la iglesia demuestra que los grandes avivamientos surgieron cuando un grupo de creyentes se reunieron para orar durante un período de tiempo, sin importar denominación o concilio.

Por eso, nuestras diferencias teológicas no deben ser impedimento para que nos reunamos. A Dios no le impresiona cuán escatológicos o apologéticos seamos. Lo que a Dios le impresiona es cuán humildes somos para buscar un punto en común en el cual podamos estar de acuerdo y orar juntos.

Ese punto en común debe ser la salvación de las almas, gracias al sacrificio de nuestro Señor Jesucristo. Debe ser además la motivación para todo avivamiento, tal como lo fue el primer día en que la iglesia creció de 120 a 3,120 seguidores de Cristo, con una sola predicación.

Uno de los versículos en la Biblia que algunos utilizan como excusa para no unirse se encuentra en el libro del profeta Amos: *"¿Andarán dos juntos, si no estuvieren de acuerdo?",* Amos 3:3

Algunos utilizan este versículo para justificar sus desacuerdos, pero yo lo veo de otra manera: los que andan juntos es porque están de acuerdo.

CAPÍTULO 4

Oración de protección (cobertura)

Sydney Stair

> *"Así que Pedro estaba custodiado en la cárcel; pero la iglesia hacía sin cesar oración a Dios por él",*
>
> *Hechos 12:5*

La protección de Dios está con todo aquel que ora a él creyendo que lo librará del peligro. Para ilustrarlo mejor, veamos el siguiente pasaje:

> *"Y he aquí que se presentó un ángel del Señor, y una luz resplandeció en la cárcel; y tocando a Pedro en el costado, le despertó, diciendo: Levántate pronto. Y las cadenas se le cayeron de las manos.*
>
> *Le dijo el ángel: Cíñete, y átate las sandalias. Y lo hizo así. Y le dijo: Envuélvete en tu manto, y sígueme.*
>
> *Y saliendo, le seguía; pero no sabía que era verdad lo que hacía el ángel, sino que pensaba que veía una visión.*
>
> *Habiendo pasado la primera y la segunda guardia, llegaron a la puerta de hierro que daba a la ciudad, la cual se les abrió por sí misma; y salidos, pasaron una calle, y luego el ángel se apartó de él". Hechos 12:7-10*

Las oraciones que hacían los hermanos en casa de María causaron que Dios enviara un ángel para sacar a Pedro de la cárcel.

Procederé a relatar dos de las numerosas ocasiones en las que he sido librado de peligro, gracias a la protección de la oración y la intervención de los ángeles de Dios.

Primera experiencia

Corría el final de la década de 1990 cuando me encontraba en un vuelo desde San Juan, Puerto Rico, con destino a Dallas, Texas, EE. UU. Durante el vuelo, viví un episodio aterrador: mi espíritu abandonó mi cuerpo y pude verme a mí mismo sentado en mi asiento del avión. Empecé a orar mentalmente con nerviosismo, sintiendo que estaba al borde de la muerte.

Después de que Ydsia, mi esposa, me dejó en el aeropuerto, se dirigió a hacer algunas gestiones en la ciudad y luego a llevar a nuestra hija Melody, que en ese entonces tendría apenas dos años, a su cita con su pediatra, el Dr. Bolívar Burgos, a quien queremos profundamente. Dependiendo del tráfico y la hora del día, su consultorio estaba a unos noventa minutos de la ciudad donde vivíamos.

Ydsia me contó que, de camino al pediatra, Melody, en su asiento de bebé, se volvió extremadamente inquieta y apuntando al cielo gritaba "papa", "papa", "papa". Ydsia no entendía qué estaba sucediendo, pero comenzó a orar por mí de inmediato, pidiéndole a Dios por mi protección. Tan pronto como llegué a mi destino, la llamé para contarle mi experiencia y, al comparar la hora, resultó ser el mismo momento en que Melody gritaba "papa", Ydsia comenzó a interceder por mí y yo estaba viviendo esa experiencia cercana a la muerte en el avión.

Segunda experiencia

A finales del año 2017 los dos vehículos que tenemos se encontraban averiados. Nuestro vecino, el ingeniero Nelson Reyes, quien es como un hermano para mí, me prestó su BMW. Un día, mientras lo conducía, quedé varado en uno de los carriles centrales de la autopista más concurrida de Puerto Rico, en pleno mediodía. El vehículo se apagó y no había manera de arrancarlo.

Contacté a la compañía de servicio en carretera y mientras esperaba, los demás vehículos pasaban a gran velocidad a ambos lados de mi carril. Fue una experiencia aterradora. De repente, apareció una camioneta blanca de transporte de mercancías, estacionada a pocos metros frente al coche que yo conducía. La camioneta tenía palabras escritas en varios colores en toda la carrocería, pero solo logré distinguir una palabra escrita en letras azules que decía "vida".

El conductor de la camioneta se bajó y caminó en mi dirección. Pensé que venía a insultarme o a agredirme por estar causando un atasco en el carril por el que circulaba. Pero estaba equivocado. Me dijo: "¡Se te paró el auto!", a lo que respondí "sí". Luego me instruyó: "Introduce la llave en la ignición, enciende el auto, ponlo en 'drive' y estaciónate en el costado derecho de la autopista". Le respondí que el auto no arrancaba. Me repitió la instrucción, a lo que volví a responder que había intentado varias veces y no arrancaba. Por tercera vez, me dio la instrucción de manera enfática, añadiendo: "antes de que te golpeen". En ese tercer intento, me hizo saber que se avecinaba un golpe mortal contra mí.

Siguiendo sus indicaciones, logré encender el auto, para mi sorpresa. Alabé a Dios y le pregunté: "¿Cómo manejo en este tráfico? ¿Me ayudarás?" Me aseguró que sí. Cruzó delante de mi vehículo y levantó la mano hacia el tráfico entrante. Cuando levantó la mano, todo el tráfico se detuvo como si hubiera golpeado una barrera de algodón, sin chillidos de neumáticos ni accidentes. Fue algo verdaderamente impresionante.

Atravesé varios carriles sin dificultad alguna. Una vez estacionado, volví a mirarlo para agradecerle con gestos, a los que él respondió. Aceleró su camioneta y desapareció como si un portal a una dimensión invisible se hubiera abierto. Pensé: "Si pude llegar hasta aquí, puedo llegar a casa". A pesar de mis intentos, el auto no arrancó. Llegó la grúa y nos llevó a ambos al taller mecánico. El mecánico intentó varias veces arrancar el auto sin éxito. En ese momento también llegó Nelson, el dueño del auto, y tampoco pudo arrancarlo. Comprendí que el Señor había enviado a su ángel para ayudarme. Mientras todo esto sucedía, Ydsia y otros intercesores estaban orando por mí, ya que esta autopista es muy transitada y peligrosa. El ángel que vino a ayudarme fue muy específico en sus instrucciones:

"Inserta la llave en la ignición, arranca el auto, ponlo en 'drive' y estaciónate en el lado derecho de la autopista".

El ángel que vino a liberar a Pedro de la cárcel también fue muy específico en sus instrucciones: *"Levántate rápido", "Ajústate y átate las sandalias", "Envuélvete en tu manto y sígueme".*

Hay un aumento de actividad demoníaca en la Tierra en los días en que escribo este libro. Pero también ha habido un aumento en la actividad angélica. En cuanto a los ángeles, está escrito: *"Todos los ángeles no son más que espíritus al servicio de Dios, y son enviados para ayudar a los que recibirán la salvación",* Hebreos 1:14 (PDT)

Estas son dos experiencias que nunca olvidaré mientras viva.

Veamos a continuación la reacción de los que estaban orando por la protección de Pedro cuando este estaba en la cárcel:

> *"Y habiendo considerado esto, llegó a casa de María la madre de Juan, el que tenía por sobrenombre Marcos, donde muchos estaban reunidos orando.*
>
> *Cuando llamó Pedro a la puerta del patio, salió a escuchar una muchacha llamada Rode, la cual, cuando reconoció la voz de Pedro, de gozo no abrió la puerta, sino que corriendo adentro, dio la nueva de que Pedro estaba a la puerta.*
>
> *Y ellos le dijeron: Estás loca. Pero ella aseguraba que así era. Entonces ellos decían: ¡Es su ángel!*
>
> *Mas Pedro persistía en llamar; y cuando abrieron y le vieron, se quedaron atónitos", Hechos 12:12-16 (RV1960)*

Estaban orando por Pedro, pero no tenían fe de que Dios los oiría, que contestaría sus oraciones y lo liberaría.

La Biblia dice en el libro de Santiago 5:*16* "*...La oración eficaz del justo puede mucho*".

La principal característica de un intercesor es la fe.

La Biblia dice: *"Pero sin fe es imposible agradar a Dios; porque es necesario que el que se acerca a Dios crea que le hay, y que es galardonador de los que le buscan"*, Hebreos 11:6

Este mismo pasaje en la versión Palabra de Dios para Todos dice:

> *"Nadie puede agradar a Dios si no tiene fe. Cualquiera que se acerque a Dios debe creer que Dios existe y que premia a los que lo buscan"*, Hebreos 11:6 (PDT).

Sydney Stair

CAPÍTULO 5

Oración conforme a la voluntad de Dios

Sydney Stair

> *"Entonces Jesús, clamando a gran voz, dijo: Padre, en tus manos encomiendo mi espíritu. Y habiendo dicho esto, expiró",* Lucas 23:46

La voluntad del Padre era el sacrificio de Su Hijo. La humanidad se encontraba sumida en el pecado, con el infierno como su único destino. Sin embargo, debido al inmenso amor de Dios por el mundo, envió a su Hijo Jesucristo, quien nunca conoció el pecado, para convertirse en pecado y ocupar nuestro lugar en la cruz.

La Biblia dice:

> *"Porque de tal manera amó Dios al mundo, que ha dado a su Hijo unigénito, para que todo aquel que en él cree, no se pierda, mas tenga vida eterna. Porque no envió Dios a su Hijo al mundo para condenar al mundo, sino para que el mundo sea salvo por él",* Juan 3:16-17

Cabe mencionar que a Jesús no le quitaron la vida sino que él dio su vida: "porque era la voluntad de Su Padre".

En el huerto de Getsemaní, Jesús vivió una experiencia agonizante: *"Otra vez fue, y oró por segunda vez, diciendo: Padre mío, si no puede pasar de mí esta copa sin que yo la beba, hágase tu voluntad",* Mateo 26:42

Cuando nos referimos a la voluntad de Dios, no estamos hablando de nuestros propios deseos. La inclinación humana siempre es buscar el camino más fácil. Sin embargo, seguir la voluntad de Dios a veces puede causarnos dolor tanto físico como emocional. Es doloroso escuchar a las personas hablar mal de nosotros cuando no comprenden cómo Dios está obrando en nuestras vidas. Nadie quería ver ni entender que Dios permitió lo que le estaba sucediendo a Job. Todos pensaban que Job había enfurecido a Dios, cuando en realidad, Dios estaba orgulloso de él (leer Job capítulo uno).

"Porque mejor es que padezcáis haciendo el bien, si la voluntad de Dios así lo quiere, que haciendo el mal", I Pedro 3:17

Jesucristo considera como su familia a los que hacen la voluntad de su Padre: Marcos 3:35 dice. "Porque todo aquel que hace la voluntad de Dios, ése es mi hermano, y mi hermana, y mi madre".

Hay quienes han orado por mucho tiempo pidiéndole algo a Dios, para luego enterarse de que no era su voluntad. Pedirle a Dios cosas que no son su voluntad para nosotros es una pérdida de tiempo, no importa cuán grande sea nuestra fe. La Biblia dice: *"Y esta es la confianza que tenemos en él, que si pedimos alguna cosa conforme a su voluntad, él nos oye"*, 1 Juan 5:14. Este mismo pasaje puesto a la inversa sería: *"si pedimos alguna cosa que no es conforme a su voluntad, él no nos oye".*

¿Cómo saber si estamos orando conforme a la voluntad de Dios?

Es aquí donde necesitamos la ayuda del Espíritu Santo. La Biblia dice: *"Y de igual manera el Espíritu nos ayuda en nuestra debilidad; pues qué hemos de pedir como conviene, no lo sabemos, pero el Espíritu mismo intercede por nosotros con gemidos indecibles"*, Romanos 8:26.

Cuando se trata de hacer oración para la liberación de una ciudad o de un país, además de la ayuda del Espíritu Santo, necesitaremos la colaboración de los profetas y de los escribas de la región.

Habrá que hacer un estudio retrospectivo de lo que Dios habló a través de sus profetas con respecto a la región en cuestión. En esas profecías encontraremos la voluntad de Dios. Basado en lo hablado de Dios acerca de la región basamos nuestra intercesión, porque estaremos orando de acuerdo con lo que Dios habló. Si lo que Dios habló fue juicio como le sucedió a Nínive, entonces nos reunimos, nos humillamos y pedimos perdón a Dios. La Biblia dice: *"si se humillare mi pueblo, sobre el cual mi nombre es invocado, y oraren, y buscaren mi rostro, y se convirtieren de sus malos caminos; entonces yo oiré desde los cielos, y perdonaré sus pecados, y sanaré su tierra"*, 2 Crónicas 7:14

> *Salmos 51:17 dice: "Los sacrificios de Dios son el espíritu quebrantado; Al corazón contrito y humillado no despreciarás tú, oh, Dios".*

A continuación, te explicaré cómo una mujer en la Biblia llamada Ana, aprendió a orar conforme a la voluntad de Dios. Esta historia se encuentra en 1 Samuel:

> *"En la sierras de Efraín vivía un hombre zufita de Ramatayin. Su nombre era Elcaná, hijo de Jeroán, nieto de Eliú y bisnieto de Tohu. Tohu era hijo de Zuf, de la tribu de Efraín. 2 Elcaná tenía dos esposas. Una se llamaba Ana, y la otra Penina. Penina tenía hijos, pero Ana no.*
>
> *Cada año Elcaná viajaba de su pueblo hasta Siló para adorar al SEÑOR Todopoderoso y ofrecerle sacrificios allí. Ofni y Finés, hijos de Elí, servían como sacerdotes del SEÑOR en Siló. Cuando Elcaná ofrecía sacrificios, le daba una parte de los alimentos a su esposa Penina y a cada uno de sus hijos, pero siempre le daba el doble a Ana porque era la esposa que él amaba, aunque el SEÑOR no le había dado hijos a Ana.*
>
> *Penina siempre molestaba a Ana y la hacía sentir mal porque el SEÑOR no le*

Sentencias

permitía tener hijos. Cada año sucedía lo mismo cuando la familia iba al santuario del SEÑOR en Siló. Un día Elcaná estaba ofreciendo sacrificios, pero Ana no comía nada en la fiesta porque estaba molesta, y lloraba. Elcaná, su esposo, le dijo: «Ana, ¿por qué lloras? ¿Por qué no quieres comer? ¿Por qué estás triste? Me tienes a mí, yo soy tu esposo. Deberías pensar que yo soy mejor que diez hijos».

Después de comer, Ana se levantó calladamente y se fue a orar al santuario. El sacerdote Elí estaba sentado en una silla cerca de la puerta del santuario del SEÑOR. Ana estaba muy triste y lloraba mucho mientras oraba al SEÑOR. Le hizo una promesa a Dios: «SEÑOR Todopoderoso, mira lo triste que estoy. ¡Acuérdate de mí! No me olvides. Si me concedes un hijo, te lo entregaré a ti. Será un nazareo: no beberá vino ni bebidas embriagantes, y nunca se cortará el cabello».

Ana oró al SEÑOR durante largo rato. Elí observaba los labios de Ana mientras ella oraba. Ella oraba de corazón. Aunque sus labios se movían, no pronunciaban las palabras en voz alta. Así que Elí pensó que Ana estaba borracha, y le dijo:

—¡Has tomado demasiado! Es hora de guardar el vino.

Ana contestó:

—Señor, no he tomado vino ni cerveza. Estoy muy afligida y le estaba contando mis problemas al SEÑOR. No piense que soy una mala mujer. He estado orando todo este tiempo porque estoy muy triste por tantos problemas.

Elí contestó:

—Ve en paz. Que el Dios de Israel te dé lo que pediste.

Ana dijo:

—Espero que usted tenga un buen concepto de mí.

Luego Ana se fue, comió algo y se sintió mejor. Temprano, a la mañana siguiente, la familia de Elcaná se levantó, adoraron al SEÑOR y luego regresaron a su pueblo de Ramá.

Nacimiento de Samuel

Elcaná tuvo relaciones sexuales con su esposa Ana, y el SEÑOR se acordó de Ana. Ella concibió y para esas fechas al año siguiente, dio a luz un hijo. Ana le *puso por nombre Samuel, pues dijo: «Su nombre es Samuel porque se lo pedí al SEÑOR». 1 Samuel 1:1-20 (PDT)*

    Durante años, Ana suplicó a Dios por un hijo, pero parecía que sus plegarias llegaban a oídos sordos. En su angustia, le pidió a Dios un hijo para que su adversaria Penina dejara de atormentarla. Sin embargo, Dios parecía no responder. Al leer el capítulo 2 de 1 Samuel, te darás cuenta de la inminente escasez de sacerdotes. Antes de quedar embarazada, Ana percibió una necesidad que Dios tenía, y ese año su forma de orar cambió. Se dio cuenta de que el sacerdote Elí estaba envejeciendo y que sus hijos Ofni y Finés no respetaban las ofrendas que el pueblo traía a Dios, además de que mantenían relaciones con las mujeres que custodiaban la entrada del tabernáculo de reunión. Creo que Ana le propuso a Dios: "Si me concedes el hijo que deseo, te daré el profeta que necesitas". Dios la escuchó y le concedió un hijo al que llamó Samuel, uno de los profetas más destacados de la Biblia. Cuando Ana destetó a Samuel, cumplió su promesa y lo llevó al templo. A cambio, Dios le concedió más hijos.

Sydney Stair

CAPÍTULO 6

Oración de fe para producir milagros

Sydney Stair

"Porque de cierto os digo que cualquiera que dijere a este monte: Quítate y échate en el mar, y no dudare en su corazón, sino creyere que será hecho lo que dice, lo que diga le será hecho. Por tanto, os digo que todo lo que pidiereis orando, creed que lo recibiréis, y os vendrá".
Marcos 11:23-24

En mi adolescencia, cuando leí este pasaje bíblico, intenté echar en el mar unos cuantos montes. Al no tener éxito, concluí que para Dios esto no representaba ningún beneficio, así que dejé de intentarlo. Pero sí he visto a muchos enfermos sanarse. Por la gracia de Dios he estado en más de cien países en cinco continentes y he visto Su poder en acción sanando paralíticos, sordomudos, ciegos y haciendo todo tipo de milagros. He visto la restauración de huesos, tumores desaparecer, la expulsión de demonios, etc., pero sobre todo, he visto a las multitudes entregar su vida al Señor.

Para obtener alguna cosa de Dios, es indispensable tener fe.

En ocasiones sentí que el nivel de fe del pueblo estaba tan alto, que cualquier cosa que se declaraba ocurría. Por su puesto, para la gloria de Dios.

Mi primera experiencia en una campaña evangelística donde vi eventos sobrenaturales fue en el año 1979, en San José, Costa Rica, con el evangelista puertorriqueño Yiye Ávila. Pocos años después, en la Ciudad de Panamá, vi cómo el Señor usó al evangelista Jorge Raschke, también puertorriqueño, con señales, prodigios, milagros, expulsión de demonios y la salvación de las almas.

Posteriormente, el Señor me dio uno de los más grandes privilegios de mi vida: trabajar como traductor del inglés al español para el Dr. Morris Cerullo, con quien estuve conectado por más de tres décadas, también como un ministro asociado en todos los países y comunidades hispanoparlantes desde Canadá hasta el Cono Sur.

Igualmente, traduje para él en varias ciudades de la península ibérica. En países donde no era necesaria mi traducción, como en Brasil, La Guayana Francesa, Las Guayanas Británicas, Barbados, Belice, entre otros, viajé con él como su ayudante y ministro asociado hasta su fallecimiento en el año 2020. Él fue la persona con el nivel de fe más alto que yo haya conocido. En repetidas ocasiones, con esa voz muy peculiar que tenía, me decía: "Tienes que creer Sydney, tienes que creer".

¿Qué hacer si hay algún enfermo entre nosotros?

"¿Está alguno enfermo entre vosotros? Llame a los ancianos de la iglesia, y oren por él, ungiéndole con aceite en el nombre del Señor. Y la oración de fe salvará

al enfermo, y el Señor lo levantará; y si hubiere cometido pecados, le serán perdonados", Santiago 5:14-15

No son los ancianos de la iglesia ni el aceite los que salvan al enfermo, sino la oración de fe, y el Señor lo levantará.

En una ocasión se le preguntó al Dr. Morris Cerullo: "¿Qué haría usted si terminando de orar por un enfermo cae muerto en vez de sanarse?", el Dr. Cerullo contestó: "Cruzaría por encima el cuerpo muerto y diría ¡próximo!".

No podemos confundirnos. Cuando a una persona se le acaba su tiempo en esta vida, nada ni nadie podrá impedir que se vaya.

Hay ocasiones en que una máquina mantiene vivo el cuerpo de una persona, pero tristemente no disfruta de una buena calidad de vida.

Cuando el Dr. Cerullo se enfermó en el año 2020, estuvo confinado a una cama. Aun así, las oraciones de decenas de miles de personas alrededor del mundo no pudieron retenerlo. Él sabía para dónde iría y estaba listo para el encuentro con su Creador.

Mi madre, llamó por teléfono a sus hijos para despedirse dos días antes de su muerte.

Todo lo anterior, de ninguna manera, deberá entenderse como una excusa para no orar por un enfermo, pidiéndole a Dios un milagro. En lo personal, sin importar el dictamen médico de una persona enferma, siempre haré mis mejores oraciones de fe creyendo en Dios para un milagro. He visto a muchos enfermos levantarse completamente sanos para la Gloria del Señor, pero si el Señor decidió lo contrario, siempre aceptaré su voluntad. Amén.

Cuando oramos, debemos hacerlo en fe creyendo que lo que pedimos lo recibiremos. Hebreos 11:1 dice: *"Es, pues, la fe la certeza de lo que se espera, la convicción de lo que no se ve"*.

CAPÍTULO 7

Oración en el Espíritu

Sydney Stair

"Porque si yo oro en lengua desconocida, mi espíritu ora, pero mi entendimiento queda sin fruto.

¿Qué, pues? Oraré con el espíritu, pero oraré también con el entendimiento; cantaré con el espíritu, pero cantaré también con el entendimiento",
1 Corintios 14:14-15 (RVR)

El apóstol Pablo nos enseña que hay una diferencia categórica entre orar en el espíritu y orar con el entendimiento. Podemos deducir entonces que 'orar con el entendimiento' es tener un claro entendimiento de lo que estamos diciendo. Es la oración que envuelve nuestras facultades mentales y emocionales. Pero, por otro lado, al orar en lengua desconocida, solo nuestro espíritu ora y no tenemos entendimiento de lo estamos diciendo.

Me convertí a Jesús en una pequeña congregación pentecostal a una edad muy temprana. Hablar en lenguas era muy importante en nuestra congregación, porque era la única señal que teníamos en aquel entonces para determinar si una persona estaba llena del Espíritu Santo. Hablábamos en lenguas muy a menudo, sobre todo cuando íbamos a dar una profecía a alguien, porque era la forma de presentarnos como personas muy espirituales; queriendo decir que el que no hablaba en lenguas era un "cristiano frío". De hecho, si no hablabas en lenguas no podías formar parte ni servir en ninguno de los departamentos de la iglesia, y eras tratado como un cristiano incompleto.

En mi libro *El líder más ignorado, el Espíritu Santo,* explico que hablar en lenguas no es la única señal de que una persona está llena del Espíritu Santo. Hablar en lenguas es solo uno de los nueve dones del Espíritu.

> *"Pero vosotros, amados, edificándoos sobre vuestra santísima fe, orando en el Espíritu Santo", Judas 1:20*

"Orando en el Espíritu Santo", no significa orar en lengas, sino dejarse guiar por el Espíritu en la oración.

Si la Biblia nos instruye a orar en el Espíritu Santo, quiere decir que cabe la posibilidad de no orar en Él y lo estemos haciendo en nuestro entendimiento.

Igualmente, no solo se nos instruye orar en el Espíritu Santo, sino que lo debemos hacer siempre.

> *"Y tomad el yelmo de la salvación, y la espada del Espíritu, que es la palabra de Dios; orando en todo tiempo con toda oración y súplica en el Espíritu, y velando en ello con toda perseverancia y súplica por todos los santos", Efesios 6:17-18*

Orar en el Espíritu no es un estilo particular en el que debemos orar, ni tampoco se refiere específicamente a orar en otras lenguas. Orar en el Espíritu se refiere a hacerlo conforme a la dirección que el Espíritu Santo nos dé.

> *"Y de igual manera el Espíritu nos ayuda en nuestra debilidad; pues qué hemos de pedir como conviene, no lo sabemos, pero el Espíritu mismo intercede por nosotros con gemidos indecibles", Romanos 8:26 RV1960*

Me atrevería a afirmar que, en la mayoría de las ocasiones cuando nos enfrentamos a una situación urgente y nos preparamos para orar, a menudo nos encontramos sin palabras. Orar en el Espíritu implica ser guiados por el Espíritu Santo, y cuando esto sucede, experimentamos un cambio en el ambiente espiritual; las palabras surgen con más fluidez. Al orar en el Espíritu, sientes que todo es alcanzable. Percibes una conexión entre el mundo natural y el mundo espiritual. En estos momentos, es posible que comiences a tener visiones con tus ojos espirituales de tus oraciones siendo respondidas. Al ser introducido a la dimensión de lo sobrenatural, lo imposible se vuelve posible. Los milagros que Jesús realizó ya le habían sido revelados por el Padre durante sus momentos de intensa oración en el Espíritu.

Jesús dijo:

"Respondió entonces Jesús, y les dijo: De cierto, de cierto os digo: No puede el Hijo hacer nada por sí mismo, sino lo que ve hacer al Padre; porque todo lo que el Padre hace, también lo hace el Hijo igualmente", Juan 5:19 RV1960

"Les dijo, pues, Jesús: Cuando hayáis levantado al Hijo del Hombre, entonces conoceréis que yo soy, y que nada hago por mí mismo, sino que según me enseñó el Padre, así hablo", Juan 8:28

"No puedo yo hacer nada por mí mismo; según oigo, así juzgo; y mi juicio es justo, porque no busco mi voluntad, sino la voluntad del que me envió, la del Padre", Juan 5:30

CAPÍTULO 8

Oración de acción de gracias

Sydney Stair

> *"Entrad por sus puertas con acción de gracias, Por sus atrios con alabanza; Alabadle, bendecid su nombre",*
> *Salmos 100:4.*
>
> *"Así que, ofrezcamos siempre a Dios, por medio de él, sacrificio de alabanza, es decir, fruto de labios que confiesan su nombre", Hebreos 13:15*

La oración de gratitud es una forma de comunicación con Dios en la que no buscamos nada para nosotros mismos. La Acción de Gracias se puede considerar como una forma de alabanza.

A continuación, les presento algunos ejemplos de gratitud que se pueden encontrar en las páginas sagradas de la Biblia:

> *"Entrad por sus puertas con acción de gracias, Por sus atrios con alabanza; Alabadle, bendecid su nombre", Salmos 100:4*
>
> *"Exhorto ante todo, a que se hagan rogativas, oraciones, peticiones y acciones de gracias, por todos los hombres", 1 Timoteo 2:1*
>
> *"Alabaré yo el nombre de Dios con cántico, Lo exaltaré con alabanza", Salmos 69:30*

"Cuando Daniel supo que el edicto había sido firmado, entró en su casa, y abiertas las ventanas de su cámara que daban hacia Jerusalén, se arrodillaba tres veces al día, y oraba y daba gracias delante de su Dios, como lo solía hacer antes", Daniel 6:10

"Me acuerdo de estas cosas, y derramo mi alma dentro de mí; De cómo yo fui con la multitud, y la conduje hasta la casa de Dios, Entre voces de alegría y de alabanza del pueblo en fiesta", Salmos 42:4

"Porque la ministración de este servicio no solamente suple lo que a los santos falta, sino que también abunda en muchas acciones de gracias a Dios", 2 Corintios 9:12

"Sacrifica a Dios alabanza, Y paga tus votos al Altísimo", Salmos 50:14

"Por nada estéis afanosos, sino sean conocidas vuestras peticiones delante de Dios en toda oración y ruego, con acción de gracias", Filipenses 4:6

"Lleguemos ante su presencia con alabanza; Aclamémosle con cánticos", Salmos 95:2

"Cantad a Jehová con alabanza, Cantad con arpa a nuestro Dios", Salmos 147:7

Todo servicio a Dios debe comenzar con acción de gracias. Nuestra acción de gracias deberá incluir expresiones de gratitud por el sacrificio de nuestro Señor Jesucristo en la cruz, por su sangre derramada para el perdón de nuestros pecados, y esto se hace de manera corporativa.

Cada individuo deberá ser lo suficientemente consciente y responsable para presentarse delante de Dios con humildad, pidiendo perdón por sus pecados antes que cualquier cosa. Pero cuando se trata del servicio corporativo para Dios, debe existir el elemento de acción de gracias, que es la alabanza.

Después de la alabanza en que hay regocijo, gritos de júbilo, aplausos, danzas, y todo tipo de expresiones de alegría, el pueblo está listo para adorar, ya sea postrado, con manos alzadas, arrodillados, etc.

Alabamos a Dios por lo que ha hecho, y como acto de fe, lo alabamos por lo que ha prometido hacer.

Adoramos a Dios por quien es Él, contemplando de cerca sus maravillas.

El hecho de que algunos no estén de acuerdo con lo planteado no significa que no sea el orden establecido por Dios en Su Palabra.

La Biblia dice:

> *"Estad siempre gozosos. Orad sin cesar. Dad gracias en todo, porque esta es la voluntad de Dios para con vosotros en Cristo Jesús"*, 1 Tesalonicenses 5:16-18

Lo que impide el fluir del gozo y la alegría en el pueblo de Dios es el pecado. Dice la Biblia: *"Por eso, confiésense sus pecados unos a otros, y luego oren unos por otros. Hagan eso para que Dios los sane. La oración de quien está bien con Dios es poderosa y efectiva"*, Santiago 5:16 (PDT)

CAPÍTULO 9

Oración de atar y desatar

Sydney Stair

"De cierto os digo que todo lo que atéis en la tierra, será atado en el cielo; y todo lo que desatéis en la tierra, será desatado en el cielo", Mateo 18:18 (RV)

La oración de atar y desatar se usa mucho en la Guerra Espiritual. El término atar significa sujetar, unir firmemente o enlazar. Significa impedir o quitar movimiento, enlazando con una soga o cinta. En lo espiritual, en cuanto a esta oración se refiere, significa ligar espiritualmente, impedir libertad de movimiento espiritual y hasta sujetar espíritus con autoridad.

Esta clase de oración se usa con base en la autoridad que Dios ha dado a los creyentes.

Cuando en un país se comienzan a aprobar leyes que atentan contra la dignidad humana, es porque Dios está excluido de la toma de decisiones en los poderes ejecutivo y legislativo. Cuando está en el poder un gobierno malo y corrupto, que oprime al pueblo con leyes injustas, impuestos difíciles de pagar, que escasea la comida y la medicina, se sabe que quien está asesorando a los líderes gubernamentales no es Dios. Cuando se aprueban leyes que prohíben la oración y adoración a Dios, se sabe que quien está en control del país son espíritus anticristos.

El profeta Daniel y sus compañeros Sadrac, Mesac y Abednego nunca dejaron de orar y adorar a Dios, nunca se rindieron ante las leyes injustas estando cautivos en Babilonia. A pesar de los decretos antagónicos, continuaban haciendo lo que hacían para Dios, y Él les daba la victoria.

Cuando en la tierra los intercesores se unen con el propósito de orar en un mismo sentir, haciendo guerra espiritual bajo la guía del Espíritu Santo, y atan y echan fuera estos espíritus malos, Dios establece Su Justicia.

Está escrito:

> *"Y tendremos justicia cuando cuidemos de poner por obra todos estos mandamientos delante de Jehová nuestro Dios, como él nos ha mandado", Deuteronomio 6:25 RV1960*

> *"En el reino de Dios lo importante no es lo que comamos o bebamos, sino vivir con justicia y buscar la paz y la felicidad que trae el Espíritu Santo", Romanos 14:17 (PDT)*

¿Existe la posibilidad de vivir en un país donde haya paz? ¡Por supuesto que sí!

La Biblia dice:

> *"Cuando predominan los justos, la gente se alegra; cuando los malvados*

gobiernan, la gente sufre", Proverbios 29:2 (DHH)

"...Dejen de pelear y acepten que yo soy Dios. Yo gobierno a las naciones, y controlo al mundo entero", Salmos 46:10 (PDT)

Lo siguiente es muy importante

"Cuando el espíritu inmundo sale del hombre, anda por lugares secos, buscando reposo, y no lo halla.

Entonces dice: Volveré a mi casa de donde salí; y cuando llega, la halla desocupada, barrida y adornada.

Entonces va, y toma consigo otros siete espíritus peores que él, y entrados, moran allí; y el postrer estado de aquel hombre viene a ser peor que el primero. Así también acontecerá a esta mala generación", Mateo 12:43-45 RV1960

Esto significa que, echar fuera los demonios de una persona que no quiere ser libre, le hace mucho daño, porque le vendrán siete espíritus peores.

En ocasiones, sabiendo Jesús la necesidad de una persona, le preguntaba qué quería de él:

"Luego llegaron a Jericó. Cuando Jesús y sus seguidores salían de allí acompañados por mucha gente, un mendigo ciego llamado Bartimeo, hijo de Timeo, estaba sentado al lado del camino.

Cuando oyó que venía Jesús de Nazaret, comenzó a gritar:

—¡Jesús, Hijo de David, ten compasión de mí!

Muchos lo regañaron y le decían que se callara, pero el hombre gritaba aun más:

—¡Hijo de David, ten compasión de mí!

Entonces, Jesús se detuvo y dijo:

—Llámenlo.

Llamaron al ciego y le dijeron:

—Anímate y levántate, Jesús te está llamando.

El ciego se quitó el manto, dio un salto y fue a donde estaba Jesús. Jesús le dijo:

—¿Qué quieres que haga por ti?

El ciego respondió:

—Maestro, quiero ver de nuevo.

Jesús le dijo:

—Puedes irte, tu fe te ha sanado.

Enseguida el hombre pudo ver y siguió a Jesús por el camino", Marcos 10:46-52 PDT

Dios nunca ignora la oración de un profeta

"Entonces me dijo: Daniel, no temas; porque desde el primer día que dispusiste tu corazón a entender y a humillarte en la presencia de tu Dios, fueron oídas tus palabras; y a causa de tus palabras yo he venido", Daniel 10:12 RVR1960

"Él dijo: Daniel no tengas miedo. Dios escuchó tu oración desde el primer día en que decidiste entender las cosas difíciles y humillarte con ayuno. Por eso estoy aquí", Daniel 10:12 (PDT)

La experiencia del apóstol Juan

"Yo estaba en el Espíritu en el día del Señor, y oí detrás de mí una gran voz como de trompeta, que decía:

Yo soy el Alfa y la Omega, el primero y el último. Escribe en un libro lo que ves, y envíalo a las siete iglesias que están en Asia: a Efeso, Esmirna, Pérgamo, Tiatira, Sardis, Filadelfia y Laodicea", Apocalipsis 1:10-11 RV1960

"En el día del Señor, el Espíritu me tomó bajo su control y oí detrás de mí

una voz tan fuerte como una trompeta",
Apocalipsis 1:10 PDT

Gracias a esta experiencia tenemos el libro de Apocalipsis.

CAPÍTULO 10

Oración profética

# Sydney Stair

> *"Orad sin cesar",*
> *1 Tesalonicenses 5:17*

Una vez, David, lleno de gratitud hacia Dios por concederle el triunfo sobre sus adversarios, decidió expresar su agradecimiento a través de alabanzas. Convocó a otros para que se unieran a él en este acto de gratitud y, aprovechando la ocasión, realizó una oración profética para prevenir posibles controversias futuras.

> *Los perversos irán al lugar de los muertos, así como las naciones que se olvidaron de Dios.*
>
> *Porque Dios nunca se olvidará de los pobres; y se cumplirán las esperanzas de los que no tienen nada.*
>
> *¡Levántate, SEÑOR!*
>
> *No dejes que hombres débiles se crean invencibles.*
>
> *Júzgalos con toda tu justicia.*
>
> *¡Que las naciones sean juzgadas en tu presencia!*
>
> *SEÑOR, aterroriza a las naciones, para que entiendan que no son más que simples mortales. Selah", Salmos 9:17-20 PDT*

Una oración profética siempre se debe basar en la Palabra de Dios y se debe tener mucho cuidado para que no se filtren odio, rencor, amargura ni resentimiento.

Dios escucha las oraciones de sus hijos, pero el diablo también. Día y noche se pasa acusando a los hijos de Dios y presentando sus razones por las que sus oraciones no deben ser contestadas.

"Entonces oí una gran voz en el cielo, que decía: Ahora ha venido la salvación, el poder, y el reino de nuestro Dios, y la autoridad de su Cristo; porque ha sido lanzado fuera el acusador de nuestros hermanos, el que los acusaba delante de nuestro Dios día y noche", Apocalipsis 12:10

"Por tanto, si traes tu ofrenda al altar, y allí te acuerdas de que tu hermano tiene algo contra ti, deja allí tu ofrenda delante del altar, y anda, reconcíliate primero con tu hermano, y entonces ven y presenta tu ofrenda.

Ponte de acuerdo con tu adversario pronto, entre tanto que estás con él en el camino, no sea que el adversario te entregue al juez, y el juez al alguacil, y seas echado en la cárcel.

De cierto te digo que no saldrás de allí, hasta que pagues el último cuadrante", Mateo 5:23-26

Existe un poder que se desata cuando presentas tu ofrenda en el altar, sin importar cuán pequeña sea. Por ejemplo, Jesús observó la modesta ofrenda que la viuda ofreció.

Tu ofrenda libera un poder, Satanás lo conoce y te denuncia ante Dios para que tu ofrenda no sea aceptada, utilizando como argumento que guardas rencor contra alguien. Tu ofrenda desencadena a tu favor una fuerza inmensa en el plano espiritual, a tal punto que el adversario se opone para que Dios no la acepte.

Leamos nuevamente el pasaje con mucho cuidado:

> *"Por tanto, si traes tu ofrenda al altar, y allí te acuerdas de que tu hermano tiene algo contra ti, deja allí tu ofrenda delante del altar, y anda, reconcíliate primero con tu hermano, y entonces ven y presenta tu ofrenda.*
>
> *Ponte de acuerdo con tu adversario pronto, entre tanto que estás con él en el camino, no sea que el adversario te entregue al juez, y el juez al alguacil, y seas echado en la cárcel.*
>
> *De cierto te digo que no saldrás de allí, hasta que pagues el último cuadrante",* Mateo 5:23-26

La exhortación en este pasaje se basa en que podemos traer nuestras ofrendas a Dios, pero Satanás bloqueará tu mente si estás en disputa con alguien. Verso *23: "Por tanto, si traes tu ofrenda al altar, **y allí te acuerdas** de que tu hermano tiene algo contra ti"* ...

Las más grandes luchas, batallas y guerras ocurren en nuestra mente.

Traer tu ofrenda al altar es un acto de adoración. Dios no necesita tu ofrenda; tú necesitas darle tu ofrenda a Dios y cuando lo hagas, no permitas que el enemigo tenga cosa alguna de qué acusarte. Procura vivir para Dios en santidad todos los días de tu vida.

¿Conoces a alguien que lleva mucho tiempo trayendo su ofrenda al altar y pareciera que su condición personal, familiar, empresarial no mejora?

Durante siglos la iglesia no ha prestado la atención debida a la revelación implícita en este pasaje. La revelación es sencilla: procura que en tu corazón no haya iniquidad alguna cuando le traes tu ofrenda a Dios.

Traer tu ofrenda al Señor es un acto de adoración pero también un acto profético. Veamos la historia de un hombre llamado Cornelio:

"Un día, como a las tres de la tarde, tuvo una visión en la que vio claramente a un ángel de Dios que se

le acercaba y le decía:

—Cornelio.

Cornelio lo miró fijamente y todo asustado le dijo:

—¿Qué quieres, señor?

El ángel le dijo:

—Dios ha escuchado tus oraciones y ha tenido en cuenta tus contribuciones a los pobres", Hechos 10:3-4 (PDT)

Las oraciones y ofrendas de un centurión romano causaron un gran efecto en el cielo, razón por la cual su historia se encuentra incluida en la Biblia. Dios se acordó de Cornelio porque oraba y ofrendaba a los pobres.

La oración profética de Ezequiel en el valle de los huesos secos

La mano de Jehová vino sobre mí, y me llevó en el Espíritu de Jehová, y me puso en medio de un valle que estaba lleno de huesos.

Y me hizo pasar cerca de ellos por todo en derredor; y he aquí que eran muchísimos sobre la faz del campo, y por cierto secos en gran manera.

Y me dijo: Hijo de hombre, ¿vivirán estos huesos? Y dije: Señor Jehová, tú lo sabes.

Me dijo entonces: Profetiza sobre estos huesos, y diles: Huesos secos, oíd palabra de Jehová.

Así ha dicho Jehová el Señor a estos huesos: He aquí, yo hago entrar espíritu en vosotros, y viviréis.

Y pondré tendones sobre vosotros, y haré subir sobre vosotros carne, y os cubriré de piel, y pondré en vosotros espíritu, y viviréis; y sabréis que yo soy Jehová.

Profeticé, pues, como me fue mandado; y hubo un ruido mientras yo profetizaba, y he aquí un temblor; y los huesos se juntaron cada hueso con su hueso.

Y miré, y he aquí tendones sobre ellos, y la carne subió, y la piel cubrió por encima de ellos; pero no había en ellos espíritu.

Y me dijo: Profetiza al espíritu, profetiza, hijo de hombre, y di al espíritu: Así ha dicho Jehová el Señor: Espíritu, ven de los cuatro vientos, y sopla sobre estos muertos, y vivirán.

Y profeticé como me había mandado, y entró espíritu en ellos, y vivieron, y estuvieron sobre sus pies; un ejército grande en extremo.

Me dijo luego: Hijo de hombre, todos estos huesos son la casa de Israel. He aquí, ellos dicen: Nuestros huesos se secaron, y pereció nuestra esperanza, y somos del todo destruidos.

Por tanto, profetiza, y diles: Así ha dicho Jehová el Señor: He aquí yo abro vuestros sepulcros, pueblo mío, y os haré subir de vuestras sepulturas, y os traeré a la tierra de Israel.

Y sabréis que yo soy Jehová, cuando abra vuestros sepulcros, y os saque de vuestras sepulturas, pueblo mío.

Y pondré mi Espíritu en vosotros, y viviréis, y os haré reposar sobre vuestra tierra; y sabréis que yo Jehová hablé, y lo hice, dice Jehová.

Ezequiel 37:1-14 RV1960

Por instrucción divina, el profeta Ezequiel profetizó, pero es importante tener presente que este *valle de huesos secos* es una experiencia que él está viviendo en el plano espiritual. Es una visión.

- El versículo 11 nos hace entender que la profecía se trata del pueblo de Israel.

- En el versículo 4 Ezequiel está profetizando a un valle de huesos secos.

- En el versículo 13 Ezequiel está profetizando a los sepulcros.

Está profetizándole al pueblo de Israel que está en el cautiverio. El pueblo se ve a sí mismo como un pueblo muerto, desesperanzado, como un montón de huesos secos. Dios les está profetizando, que aunque se vean así en ese momento, que los levantará y los devolverá a su tierra (*vs.12*). Esta visión de huesos secos no es esperanzadora para ningún hijo de Israel, pero la declaración profética anuncia nuestro estado venidero

Tener a un profeta enviado por Dios para anunciar tu futuro en medio de tu situación desesperanzadora es maravilloso, pero no siempre habrá un profeta disponible para hablarte de parte de Dios. Allí es cuando debes comenzar a declarar proféticamente tu futuro, no lo que vez sino lo que quieres ver; lo que Dios dijo que verías; aquellos sueños y aquellas promesas que Dios te dio.

CAPÍTULO 11

La creación del mundo

Sydney Stair

Dios creó todas las cosas a través de Sus palabras:

"Y dijo Dios: Sea la luz; y fue la luz.

Y vio Dios que la luz era buena; y separó Dios la luz de las tinieblas.

Y llamó Dios a la luz Día, y a las tinieblas llamó Noche. Y fue la tarde y la mañana un día.

Luego dijo Dios: Haya expansión en medio de las aguas, y separe las aguas de las aguas.

E hizo Dios la expansión, y separó las aguas que estaban debajo de la expansión, de las aguas que estaban sobre la expansión. Y fue así.

Y llamó Dios a la expansión Cielos. Y fue la tarde y la mañana el día segundo.

Dijo también Dios: Júntense las aguas que están debajo de los cielos en un lugar, y descúbrase lo seco. Y fue así.

Y llamó Dios a lo seco Tierra, y a la reunión de las aguas llamó Mares. Y vio Dios que era bueno.

Después dijo Dios: Produzca la tierra hierba verde, hierba que dé semilla;

árbol de fruto que dé fruto según su género, que su semilla esté en él, sobre la tierra. Y fue así.

Produjo, pues, la tierra hierba verde, hierba que da semilla según su naturaleza, y árbol que da fruto, cuya semilla está en él, según su género. Y vio Dios que era bueno.

Y fue la tarde y la mañana el día tercero.

Dijo luego Dios: Haya lumbreras en la expansión de los cielos para separar el día de la noche; y sirvan de señales para las estaciones, para días y años,

y sean por lumbreras en la expansión de los cielos para alumbrar sobre la tierra. Y fue así.

E hizo Dios las dos grandes lumbreras; la lumbrera mayor para que señorease en el día, y la lumbrera menor para que señorease en la noche; hizo también las estrellas.

Y las puso Dios en la expansión de los cielos para alumbrar sobre la tierra,

y para señorear en el día y en la noche, y para separar la luz de las tinieblas. Y vio Dios que era bueno.

Y fue la tarde y la mañana el día cuarto.

Dijo Dios: Produzcan las aguas seres vivientes, y aves que vuelen sobre la tierra, en la abierta expansión de los cielos.

Y creó Dios los grandes monstruos marinos, y todo ser viviente que se mueve, que las aguas produjeron según su género, y toda ave alada según su especie. Y vio Dios que era bueno.

Y Dios los bendijo, diciendo: Fructificad y multiplicaos, y llenad las aguas en los mares, y multiplíquense las aves en la tierra.

Y fue la tarde y la mañana el día quinto.

Luego dijo Dios: Produzca la tierra seres vivientes según su género, bestias y serpientes y animales de la tierra según su especie. Y fue así.

E hizo Dios animales de la tierra según su género, y ganado según su género, y todo animal que se arrastra sobre la tierra según su especie. Y vio Dios que era bueno", Genesis 1:3-25

El versículo 26 dice:

"...Hagamos al hombre a nuestra imagen, conforme a nuestra semejanza; y señoree en los peces del mar, en las aves de los cielos, en las bestias, en toda la tierra, y en todo animal que se arrastra sobre la tierra."

Dicho de otra forma: 'Hagamos un ser humano que se parezca a nosotros y que tenga dominio sobre la creación'.

Las palabras que salen de la boca de Dios tienen el poder para crear. La creación que fue formada de las palabras de su boca no tiene ese poder, pero el ser humano sí, porque fuimos creados por sus manos, a imagen de Él, y depositó en nosotros su aliento de vida.

Constantemente estamos creando cosas con las palabras que salen de nuestra boca sin darnos cuenta.

Escribe la visión y decláralia

"Sobre mi guarda estaré, y sobre la fortaleza afirmaré el pie, y velaré para ver lo que se me dirá, y qué he de responder tocante a mi queja.

Y Jehová me respondió, y dijo: Escribe la visión, y decláralia en tablas, para que corra el que leyere en ella.

Aunque la visión tardará aún por un tiempo, mas se apresura hacia el fin, y no mentirá; aunque *tardare, espéralo, porque sin duda vendrá, no tardará"*, Habacuc 2:1-3 RV1960

Cuando escribes tu visión y la declaras todos los días, las probabilidades son altísimas que se cumplan.

Jesús no fue reservado en cuanto a la visión del Padre celestial para nuestro planeta. Cada vez que Jesús predicaba hablaba acerca del reino de Dios y lo hacía con mucha emoción. Los planes de Dios han sido los mismos desde el inicio, solo basta con volver a leer los primeros tres capítulos del libro de Génesis. La rebelión de Adán y Eva puso en pausa el plan por un tiempo, pero la Biblia dice que Jesús vino a buscar y a salvar lo que se había perdido.

Jesús nos enseñó a orar diciendo: *"Padre nuestro que estás en los cielos, santificado sea tu nombre. Venga tu reino. Hágase tu voluntad, como en el cielo, así también en la tierra. El pan nuestro de cada día, dánoslo hoy. Y perdónanos nuestras deudas, como también nosotros perdonamos a nuestros deudores. Y no nos metas en tentación, mas líbranos del mal; porque tuyo es el reino, y el poder, y la gloria, por todos los siglos. Amén"*, Mateo 6:9-13

Sigue leyendo...

Sydney Stair

CAPÍTULO 12

La Torre de Babel

Sydney Stair

"Tenía entonces toda la tierra una sola lengua y unas mismas palabras.

Y se dijeron unos a otros: Vamos, hagamos ladrillo y cozámoslo con fuego. Y les sirvió el ladrillo en lugar de piedra, y el asfalto en lugar de mezcla.

Y dijeron: Vamos, edifiquémonos una ciudad y una torre, cuya cúspide llegue al cielo; y hagámonos un nombre, por si fuéremos esparcidos sobre la faz de toda la tierra", Genesis 11:1-9

"Una sola lengua y unas mismas palabras" "Se dijeron unos a otros" "Y dijeron"

El proyecto de edificar una torre se basó en palabras que mortales hablaron entre sí. Y estas palabras inquietaron a Dios, pero de la misma forma en que nuestras palabras lo inquietan, igualmente le agradan.

Verso 6. *"Y dijo Jehová: He aquí el pueblo es uno, y todos éstos tienen un solo lenguaje; y han comenzado la obra, y nada les hará desistir ahora de lo que han pensado hacer".*

Dios dijo: *"He aquí el pueblo es uno, y todos éstos tienen un solo lenguaje".*

Verso 7. *"Ahora, pues, descendamos, y confundamos allí su lengua, para que ninguno entienda el habla de su compañero".*

Dios dijo: *"descendamos y confundamos allí su lengua."*

Dios pudo haber ordenado un terremoto y que la tierra los tragara vivos; pudo haber enviado una inundación que los ahogara; pudo haber enviado serpientes venenosas o algún otro fenómeno destructivo. De todas las opciones que tiene Dios, decidió descender y confundir su forma de comunicación.

¿Por qué?

Porque el pueblo estaba unido en su rebelión hablando una misma cosa, declarando una misma visión, unidos en un mismo pensar y un mismo sentir. Satanás no se rebeló contra Dios solo, sino que buscó aliados. Cuando una congregación se divide es porque hubo un grupo de personas que se pusieron de acuerdo para hablar una misma cosa.

El versículo 9 dice: *"Por esto fue llamado el nombre de ella Babel, porque allí confundió Jehová el lenguaje de toda la tierra, y desde allí los esparció sobre la faz de toda la tierra."*

Nota: *"confundió Jehová el lenguaje de toda la tierra"*

Dios ama la unidad, pero también crea confusión entre sus enemigos.

Está escrito:

> *"He aquí que todos los que se enojan contra ti serán avergonzados y confundidos; serán como nada y perecerán los que contienden contigo. Buscarás a los que tienen contienda contigo, y no los hallarás; serán como nada, y como cosa que no es, aquellos que te hacen la guerra. Porque yo Jehová soy tu Dios, quien te sostiene de tu mano derecha, y te dice: No temas, yo te ayudo"*, Isaías 41:11-13

Así de importante es para Dios la unidad de su pueblo.

Las personas de doble ánimo

"El hombre de doble ánimo es inconstante en todos sus caminos", Santiago 1:8

Una persona de doble ánimo es aquella que dice una cosa ahora y al rato dice otra cosa. Inclusive, debemos tener mucho cuidado cuando decimos ciertas palabras bromeando.

Está escrito: *"Mas yo os digo que de toda palabra ociosa que hablen los hombres, de ella darán cuenta en el día del juicio. Porque por tus palabras serás justificado, y por tus palabras serás condenado"*, Mateo 12:36-37

Está escrito: *"Acercaos a Dios, y él se acercará a vosotros. Pecadores, limpiad las manos; y vosotros los de doble ánimo, purificad vuestros corazones"*, Santiago 4:8

En la época en que este libro se escribió, había un plan puesto en acción por el gobierno mundial para la unificación de las naciones. Organizaciones como la ONU, la OEA, la OTAN, la OMS, y muchos otros están unidos en su plan de unificar las naciones.

Estamos viendo un desplazamiento en masas de ciudadanos de países pobres hacia países desarrollados. Estamos viendo también un esfuerzo del Vaticano y el actual Papa Francisco por unificar las religiones, y se habla también de una sola moneda digital a nivel mundial.

Por lo tanto, estamos encaminados a un solo gobierno mundial, una sola religión mundial y una sola moneda mundial. Esto figurativamente nos demuestra que el hombre nunca ha desistido en su intento de levantar 'La Torre de Babel'.

Sigue leyendo…

CAPÍTULO 13

Nuestra vida es un libro

Sydney Stair

Un libro se compone de capítulos.

Los capítulos se componen de párrafos.

Los párrafos se componen de oraciones.

Las oraciones se componen de palabras.

Las palabras tienen el poder de crear y de destruir. En el lenguaje español, nuestras palabras forman "oraciones". En el lenguaje inglés, nuestras palabras forman *sentences*, que en español se traduce "sentencias". Cada vez que hablamos, estamos formando oraciones que dictan sentencias.

De acuerdo con la RAE (Real Academia Española), *Sentencia* significa:

- Dictamen o parecer que alguien tiene o sigue.

- Dicho grave y sucinto que encierra doctrina o moralidad.

- Declaración del juicio y resolución del juez.

- Decisión de cualquier controversia o disputa extrajudicial, que da la persona a quien se ha hecho árbitro de ella para que la juzgue o componga.

Los sinónimos de la palabra sentencia, son: *veredicto, resolución, fallo, dictamen, pronunciamiento, decisión.*

"La sentencia es por decreto de los vigilantes, y por dicho de los santos la resolución, para que conozcan los vivientes que el Altísimo gobierna el reino de los hombres, y que a quien él quiere lo da, y constituye sobre él al más bajo de los hombres", Daniel 4:17 RV1960

"De cierto os digo que todo lo que atéis en la tierra, será atado en el cielo; y todo lo que desatéis en la tierra, será desatado en el cielo", Mateo 18:18 RV

"Las palabras de la boca del sabio son llenas de gracia, mas los labios del necio causan su propia ruina", Eclesiastés 10:12 RV1960

¿A quién llama Dios necio?

"Dice el necio en su corazón: «No hay Dios». Están corrompidos, sus obras son detestables; ¡no hay uno solo que haga lo bueno!

Desde el cielo el SEÑOR contempla a los mortales, para ver si hay alguien que sea sensato y busque a Dios.

Pero todos se han descarriado, a una se han corrompido. No hay nadie que haga lo bueno; ¡no hay uno solo!", Salmos 14:1-3 NVI

Las palabras tienen el poder de crear y de destruir. Las palabras que salen de nuestra boca forman "oraciones". El día entero nos pasamos haciendo oraciones sin darnos cuenta y los vigilantes están prestando atención a los dichos que salen de nuestra boca.

Jesús les dijo a sus discípulos lo siguiente:

> *Mas yo os digo que de toda palabra ociosa que hablen los hombres, de ella darán cuenta en el día del juicio.*
>
> *Porque por tus palabras serás justificado, y por tus palabras serás condenado",* Mateo 12:36-37 RV1960

¡Repito!:

En español nuestras palabras forman oraciones. En inglés nuestras palabras forman *sentences* que en español se traduce SENTENCIAS.

Cada vez que hablamos formamos oraciones que pronuncian sentencias. Por ende, dictamos sentencias cada vez que hablamos sin darnos cuenta.

"Te has enlazado con las palabras de tu boca, Y has quedado preso en los dichos de tus labios", Proverbios 6:2

Deseo dejar establecido que la oración no es un acto religioso, sino algo que componemos a todas horas del día. Continuamente estamos componiendo oraciones con las palabras que salen de nuestra boca.

Nuestra vida es el resultado de las oraciones que formamos cuando hablamos.

A menudo he oído a creyentes hablar de sí mismos de manera despectiva. Utilizan adjetivos desagradables al referirse a sus familiares y a otros. He presenciado cómo maldicen a las autoridades gubernamentales de su país, pero son individuos que nunca participan en las elecciones políticas.

Incluso llegan a decirles a sus hijos que eviten la política porque es "obra del diablo". Personalmente, no considero que la política sea maligna, sino que está controlada por los seguidores del mal. Si los creyentes estuvieran al mando, la situación espiritual de nuestros países sería más favorable.

El profeta Daniel sirvió a tres de los reyes más malvados de Babilonia y prosperó.

Nuestros hijos han sido bendecidos para triunfar en ambientes adversos, pero los hemos mantenido ocultos e incluso sobreprotegidos. Eventualmente se agotan y se distancian de sus padres o de la iglesia, en busca de un propósito más grande que el que conocieron.

Por ejemplo, si un pastor tiene diez bateristas capacitados y desarrollados en su congregación, cada uno tendría que esperar dos meses y medio para poder tocar en un servicio dominical. Esto lo menciono con gran pesar porque eventualmente se cansan de esperar para poder utilizar su talento. El tabernáculo de David contaba con muchos músicos y cada dos horas un grupo de adoración era reemplazado por otro. Esto sucedía las veinticuatro horas del día. Durante los cuarenta años del reinado de David, Israel no sufrió ninguna derrota ante sus enemigos en las guerras que se libraron, porque durante cuarenta años la adoración en Israel nunca se detuvo.

Dios creó los cielos y la tierra por el dicho de su boca. Cada uno de nosotros somos el resultado de sentencias dictadas sobre nosotros por personas de autoridad significativa en nuestra vida como lo son: *padres, abuelos, tíos, maestros, pastores, etc.*

Está escrito: *"La muerte y la vida están en poder de la lengua, Y el que la ama comerá de sus frutos"*, Proverbios 18:21

El poder de la oración profética tiene que ver con todas las oraciones que pronunciamos cada día. Sea que lo sepamos o no, estamos profetizando palabras poderosas. Tu cerebro está programado para responder a las palabras que salen de tu boca. Si continuamente te dices "no lo voy a lograr", ¡nunca lo vas a lograr! Porque ni tu cuerpo ni tu vida irán en dirección contraria de las palabras que salen de tu boca.

Una persona no cambia diciéndose a sí misma que no puede cambiar. Para que una persona cambie, primero debe cambiar su manera de pensar, y segundo, debe cambiar su forma de hablar. Su forma de pensar y de hablar deben estar en acorde.

"SEÑOR, tú eres mi roca; eres quien me salva. Deseo que te complazca todo lo que digo y pienso", Salmos 19:14 PDT

¡Amén!

Acerca del autor

Sydney Stair, nacido el 11 de septiembre de 1957 en la vibrante República de Panamá, Sydney Stair es una figura destacada en el ámbito del liderazgo ministerial. Ordenado en 1987, ha dedicado su vida a la expansión y fortalecimiento de la fe a través de diversas plataformas y organizaciones a nivel global.

Como miembro de la Coalición Internacional de Líderes Apostólicos (ICAL), Movimiento Transformación Puerto Rico (MTPR) y Avance Misionero Mundial, el Dr. Stair ha sido un pilar en la promoción del liderazgo apostólico. Su visión también lo llevó a establecer la Coalición de Líderes Apostólicos de Puerto Rico (CLAPR), marcando un hito en su carrera ministerial.

Durante más de tres décadas, sirvió como el traductor oficial para el Dr. Morris Cerullo, abarcando todos los países de habla hispana y consolidando su reputación como un puente entre culturas y naciones. Poseedor de un impresionante bagaje académico, el Dr. Stair ha obtenido dos licenciaturas, una maestría y tres doctorados, enfocados en estudios teológicos y liderazgo social.

Fue un prosélito distinguido y traductor del inglés al español para el Dr. Myles Munroe.

En unión con su esposa, la doctora Ydsia Stair, fundó HOW!, Inc., un Centro Apostólico en

Guaynabo, Puerto Rico, dedicado a la formación y desarrollo de líderes bajo el lema: "Servir, Enseñar, y Demostrar". Este es solo uno de los muchos proyectos que han emprendido juntos, incluyendo el Centro de Consejería Avance, Escuela Ministerial Catedral de Adoración (EMCA), el Council of Apostles, Prophets and Elders (CAPE), Stair Productions, y el aclamado programa de radio y televisión "Fundamento", entre otros.

Con una agenda llena de compromisos internacionales, el Dr. Stair es un conferencista, consejero, "life coach" certificado, capellán, productor musical y de medios, así como autor de libros influyentes como *ADN Paternidad Espiritual* y *El líder más ignorado, El Espíritu Santo*. Su labor incansable ha sido reconocida mundialmente, recibiendo distinciones como Visitante Ilustre en Viña del Mar, Chile, Visitante Distinguido en Puebla, México, además de múltiples proclamas y reconocimientos del gobierno de Puerto Rico, país donde ha vivido por los últimos treinta cinco años.

El doctor Stair trabaja con grupos religiosos y seculares, pues cree firmemente que el Reino de los Cielos lo abarca todo y a todos. Bendecido con una familia maravillosa, tres hijos y cuatro nietos, su vida es un testimonio de dedicación, amor y servicio que trasciende fronteras y une corazones en busca de un propósito mayor.

Bibliografía

La Santa Biblia: Versión RV – (Reina Valera 1960), Versión DHH – (Dios Habla Hoy), Versión PDT – (Palabra de Dios Para Todos)

Diccionario de la Real Academia Española

Wikipedia

Strongs Concordance and dictionary

Sentencias

SYDNEY STAIR
Puerto Rico, 2024

Made in the USA
Columbia, SC
03 April 2025